AF715434

लगाव

Harpreet Singh Randhawa

BookLeaf Publishing
India | USA | UK

Copyright © Harpreet Singh Randhawa
All Rights Reserved.

This book has been self-published with all reasonable efforts taken to make the material error-free by the author. No part of this book shall be used, reproduced in any manner whatsoever without written permission from the author, except in the case of brief quotations embodied in critical articles and reviews.

The Author of this book is solely responsible and liable for its content including but not limited to the views, representations, descriptions, statements, information, opinions, and references ["Content"]. The Content of this book shall not constitute or be construed or deemed to reflect the opinion or expression of the Publisher or Editor. Neither the Publisher nor Editor endorse or approve the Content of this book or guarantee the reliability, accuracy, or completeness of the Content published herein and do not make any representations or warranties of any kind, express or implied, including but not limited to the implied warranties of merchantability, fitness for a particular purpose.

The Publisher and Editor shall not be liable whatsoever...

Made with ❤ on the BookLeaf Publishing Platform
www.bookleafpub.in
www.bookleafpub.com

Dedication

" TO MY PARENTS WHO ALWAYS BELIEVED IN ME."

Preface

Lgaav – a word that evokes connection, attachment, and at times, the silent ache of separation. This collection of poems is born from such emotions – tender, painful, and deeply personal. Each verse is a reflection of the human soul grappling with longing, loss, and the quiet strength found in vulnerability.

Written in the soft rhythms of Hindi and the earthy tones of Punjabi, these poems do not just speak of sorrow – they live it. They carry the weight of unsaid goodbyes, lingering memories, and the invisible threads that tie us to people, moments, and feelings long after they're gone.

As the poet, Preet, I have poured into these pages not only my pain, but also the beauty I found in it. I invite you to sit with these words, let them echo your own stories, and find solace in knowing that even in sadness, there is poetry – and perhaps, healing.

With Gratitude,
Preet

Acknowledgements

This book would not have come to life without the quiet strength and support of those who stood by me in both light and shadow.

My heartfelt thanks to my family, whose love gave me the courage to write from a place of honesty and vulnerability. To the friends who read my rawest verses and never judged — your presence has been healing.

I am deeply grateful to those whose stories, silences, and sorrows became echoes in my poems. And to every reader who finds a piece of their own heart in these words — thank you for trusting Lgaav with your feelings.

With love and humility,

Preet

1. ज़िंदगी

दिन चढ़ते गए,दिन ढलते गए
ज़िंदगी के पन्ने हर रोज़ बदलते गए।

कई आए, कई गए
पर साँसों के सिलसिले यूँ ही चलते गए।

कभी-कभी सोचता हूँ रुक जाऊँ,
पर ज़िम्मेदारियों के भार के नीचे
अरमान अपने कुचलते गए।

बहुत दुःख दिए इस ज़िंदगी के सफ़र ने
रोज़ ज़हर को पानी की तरह निगलते गए।

दिन चढ़ते गए, दिन ढलते गए
बस कुछ यूँ ही ज़िंदगी के पन्ने
हर रोज़ बदलते गए।

2. बिछड़ना

क्यों लोग किसी की ज़िंदगी में ऐसे ही आ जाते हैं
अपने शौक के लिए किसी को लाखों सपने दिखा जाते हैं।

एक पल लगता है छोड़ कर जाने में उन्हें
रात को देखे सपने की तरह सुबह सब कुछ भुला जाते हैं।

इस क़दर पागल हो जाता है इंसान
जब किसी के ख़याल दिन-रात सताते हैं।

जाने वाला जा चुका है
प्यार करने वाले यही न कभी समझ पाते हैं।

क्यों लोग किसी की ज़िंदगी में आते हैं
फिर बस बर्बाद कर के चले जाते हैं।

3. उम्मीद टूटना

इस उम्मीद में बैठे हैं कि वो आएगी,
आकर मुझे कभी तो अपने गले से लगाएगी।

कौन जानता है कौन है उसकी ज़िंदगी में इतना ख़ास,
जिसे वो मेरी जगह अपनी जान बनाएगी।

क्यों किया होगा उसने मेरे साथ ये सलूक,
क्या ये बात कभी मुझे समझ में आएगी?

ना जाने क्यों छोड़ा उसने मुझे इस क़दर,
मुझे छोड़ के क्या वो सच में खुश रह पाएगी?

4. ਮੁਹੱਬਤ

ਜਦ ਇੱਕ ਨੂੰ ਚਾਹੀਏ, ਫਿਰ ਇੱਕ ਦੇ ਹੀ ਲੜ ਲੱਗ ਜਾਈਏ,

ਜਦ ਦਿੱਤਾ ਖੁਦਾ ਨੇ ਇੱਕ ਚਾਹਣ ਵਾਲਾ, ਫਿਰ ਦੂਜੇ ਦਾ ਖ਼ਿਆਲ ਵੀ ਕਿਉਂ ਦਿਲ ਵਿੱਚ ਲਿਆਈਏ।

ਇੱਕ ਰੱਬ, ਇੱਕ ਇਸ਼ਕ – ਹਰ ਵੇਲੇ ਉਨ੍ਹਾਂ ਨੂੰ ਹੀ ਧਿਆਈਏ,

ਜਦ ਚਾਹਣ ਵਾਲਾ ਮੂੰਹ ਮੋੜ ਲਵੇ, ਫਿਰ ਜੀਣ ਨਾਲੋਂ ਚੰਗਾ ਬਸ ਮਰ ਜਾਈਏ।

ਇੱਕ ਤੂੰ ਸੀ, ਇੱਕ ਤੂੰ ਹੈਂ, ਇੱਕ ਤੂੰ ਹੀ ਰਹੇਂਗਾ ਹਰ ਦਮ,

ਤੇਰੇ ਬਗੈਰ ਕਿਸੇ ਹੋਰ ਦਾ ਨਾਂ ਵੀ ਨਾ, ਬੁੱਲਾਂ 'ਤੇ ਚੜ੍ਹਾਈਏ।

ਕਾਸ਼ ਤੂੰ ਕੋਲ ਹੋਵੇ, ਤੈਨੂੰ ਦਿਲ ਟੁੱਟਣ ਤੇ ਦਿਲ ਦੇ ਰੋਣ ਦੀ ਆਵਾਜ਼ ਵੀ ਫਿਰ ਸੁਣਾਈਏ,

ਕਿੰਝ ਤੜਫਦਾ, ਕਿੰਝ ਮਰਦਾ ਆਸ਼ਕੀ ਬਿਨਾਂ – ਇੱਕ ਆਸ਼ਕ ਤੈਨੂੰ ਤੇਰੇ ਅੱਖੀ ਦਰਸ਼ ਪਵਾਈਏ।

ਤੂੰ ਆਵੇ ਜਾਂ ਨਾ ਆਵੇ, ਹੁਣ ਬਸ ਤੇਰੀ ਉਡੀਕ ਕਰਦੇ ਹੀ ਰਹਿ ਜਾਈਏ,

ਤੇਰੇ ਬਿਨਾ ਕਿਸੇ ਹੋਰ ਨੂੰ ਨਾ ਧਿਆਈਏ, ਤੇਰੇ ਬਿਨਾ ਕਿਸੇ ਹੋਰ ਦਾ ਦੀਦ ਨਾ ਪਾਈਏ,

ਤੇਰੇ ਬਿਨਾ ਬਸ ਮਰ ਜਾਈਏ... ਬਸ ਮਰ ਜਾਈਏ... ਬਸ ਮਰ ਜਾਈਏ।

5. बुरा वक़्त

सब कहते हैं, फ़िक्र न कर – ये दौर गुज़र जाएगा,
एक नया दिन आएगा और खूब खुशियाँ लाएगा।

ना ये दौर गुज़रा,
ना ही नया दिन निकला,

हर रोज़ आँसुओं की माला पिरोए जा रहे हैं,
बीते ज़माने को याद करके बस रोए जा रहे हैं।

ना जाने उनको क्या नसीब हो गया ज़िंदगी में,
रोज़ हमसे बस दूर, दूर और दूर होए जा रहे हैं।

6. मिलना मिलाना

बीत जाएँगे वो सब ज़माने
जब मिलने आते थे तुम्हें किसी न किसी बहाने।

जब हम ही न रहेंगे तेरी इस दुनिया में,
तो कौन आएगा तुझे ग़ुस्सा दिलाकर तुझे मनाने?

तेरे इश्क़ ने न जाने किस जगह लाकर छोड़ दिया,
अब बस तू चाहिए, तेरे बिना दिन अच्छे ही न अब आने।

ना देख अब भले मुझे प्यार की निगाहों से,
कभी तो पास आ जाया कर, मुझ पर अपना हक़ जताने।

ढूँढ अब कुछ तो नए बहाने,
ये दिन अब फिर वापिस कभी न आने।

रह जाने हैं बस तेरे और मेरे गुम हुए अफ़साने,

क्या करेंगे अब ये दीवाने,
जब न रहेंगे एक-दूजे के ये **पास** आने और जाने।

7. ख्वाब

काश वो फिर लौट आए,
दिल में उतर कर, मेरे घर में ठहर जाए।

काश एक बार उसे मेरा हाल नज़र आ जाए,
वो ख़ुद को रोक न सके, रोती हुई आए,
और चुपचाप मेरे सीने से लग जाए।

जो ख्वाब अधूरे थे, वो सारे वो पूरे कर जाए,
कल की किसे खबर, पर आज मेरी ही बन जाए।

बस काश... वो वापस आ जाए,
काश... वो फिर से आ जाए।

8. बाज़ार

प्यार ख़रीदने निकले थे, प्यार के बाज़ार में,
उम्मीदों की थैली थी हाथ में, दिल था उधार में।

सपनों के सिक्के रखे थे हमने अपनी झोली में,
पर वो तो तौल रहा था, चाहत को भी तिजोरी में।

अपनी ही बोली लगवा आए, जब नज़रें मिलीं उस ख़रीदार से,
वो मुस्कुराया यूं, जैसे सब जानता हो इज़हार से।

एक दस्तख़त किया उसने, मेरे जज़्बातों के करार में,
मैं बिक गया, बस एक मुलाक़ात के व्यापार में।

ख़रीदने के बाद, ना पूछा हाल, ना देखा मेरे किरदार में,
मैं रह गया अधूरा सा, उसकी चमकदार दीवार में।

हम जैसे कई बिके थे, देखे मैंने उसी के द्वार में,
वो तोलता है मोहब्बत को, किलो के भार में।

अब सीखा है सबक, दिल नहीं बिकता हर बार में,
अब प्यार नहीं ख़रीदते, चलते हैं सिर्फ़ इकरार में।

9. ज़िंदगी की दास्तान

कुछ लोग ज़िन्दगी में आकर ऐसे चले जाते हैं
जैसे कभी कुछ हुआ ही नहीं।

कुछ लोग इंतज़ार में प्यासे खड़े रह जाते हैं,
जैसे ज़िन्दगी भर मिलेगा कोई और कुआँ ही नहीं।

क्यों किसी को बिना माँगे मिल जाती हैं सारी खुशियाँ,
और क्यों किसी का मर कर भी कोई वफ़ादार हुआ ही नहीं।

हर रात जागते हैं अपनी ही सोच से लड़ने के लिए,
कभी बिना उसकी याद के कोई दिन हुआ ही नहीं।

समझ से बाहर है ये ज़िन्दगी की दास्तान, ऐ खुदा,
जो बस वक़्त बिताए, उसे इज़्ज़त मिल जाती है,
और जो सच्चा प्यार करे, उसका कोई सपना पूरा हुआ ही नहीं।

10. रास्ता

अब न दिखेंगे वो आते-जाते राहों में,
अब न बिकेगी मोहब्बत सस्ते चाहों में।

लाखों ख्वाबों का बोझ लिए फिरता था मैं,
डूब गई हर आस भी गहरी आहों में।

चल पड़ा हूं फेंक के सब बीती यादों को,
ख़ाली बैठा हूं अब वीरां निगाहों में।

अब न ढूँढना मुझे उन अधूरी दास्तानों में,
अब न जलूँगा मैं टूटी हुई पनाहों में।

11. दर्द

हर उम्मीद से बढ़कर चोट खाते रहे,
फिर भी आँखों में कुछ ख़्वाब सजाते रहे।
दूर खड़े हम तमाशा बनाते रहे,
ख़ुद ही अपनी रगों को जलाते रहे।

जिसे चाहा दुआओं के साये तले,
वही गैरों की बाहों में जाते रहे।

हर तमन्ना को किरचों में ढलते देखा,
हम उम्मीदों के महल सजाते रहे।

राह में फूल बिछाए थे दिल से मगर,
वो हमारे ही कदमों को ठुकराते रहे।

अब शिकायत नहीं, अब कोई आरज़ू नहीं,
हम बस खामोशियों में केहराते रहे।

12. ग़लती

मैं ग़लत हूँ या तू सही,
बात बस यहीं आकर रुकी रही।
ना वक़्त ने समझाया, ना हालात ने,
हमारी कहानी अधूरी सी लिखी रही।

तेरे ख्यालों की दस्तक अब भी है,
पर दरवाज़ा किसी और ने खोला नहीं।
तू भी चुप, मैं भी ख़ामोश रहा,
हर एक सिसकी हवा में खोई रही।

तेरे जाने की आहट तो सुनी थी मैंने,
पर दिल ने माना नहीं, आँखों ने देखा नहीं।
कुछ लम्हें अब भी सवाल करते हैं,
क्यों हर ख़ुशी बस यादों में बसी रही?

हम मिले थे मुकम्मल होने को शायद,
मगर तक़दीर अधूरी सी लिखी रही।
मैं ग़लत हूँ या तू सही,
बात बस यहीं आकर रुकी रही।

13. इंतेहा

काश वो चाँद कभी दिखना बंद हो जाए,
जो तेरी रौशनी को हर बार छुपाए।

तेरा नाम हो हवाओं और साँसों में घुला,
हर आवाज़ तुझी से शुरू हो, तुझी पर थम जाए।

हम न हों, बस हो तेरा अक्स इन पलकों पर,
जो भी देखे हमें, तुझसा ही लजाए।

काश हम वो नक़ाब बन जाएं इक रोज़,
जो तुझको हर नज़र से बचाए।

साँस लेना भी भूल जाएँ तुझमें घुलकर,
लब हिले तो बस तेरा नाम लबों पर आए।

14. रुक जा, समय कम है

रुक जा ज़रा, अभी दिल की कशमकश कम है,
तुझसे कहूँ ये हाल-ए-दिल, कुछ तो करम है।

तू कह गई – "मुझे और भी निभाने ग़म हैं,"
पर क्या तुझे नज़र नहीं आया, मेरे इश्क़ में
भी कुछ दम है?

मैं कहता रहा – साथ चल, चलें कहीं दूर,
तू कहती रही – ये रास्ते मेरे लिए कम हैं।

जो जीत तूने पाई, वो सब मुबारक हो,
मगर मेरी हार में तेरा भी तो कुछ नम है।

अब तुझमें दुनिया देखती है हौसले की मिसाल,
और मुझमें सिर्फ़ तन्हाई का बस एक ग़म है।

'प्रीत' का 'दिल' अब भी उसी मोड़ पर ठहरा है जहाँ,
तू कह गई थी – "रुक मत, वक़्त बहुत कम है।"

15. सौगात

जब मिलेंगे दोबारा कभी, वो न शाम होगी, न रात होगी,
तेरी जीत होगी हर बार बस, मेरी हार भी तेरी सौगात होगी।

काश तू जान पाता कभी, क्यों तू इतना ज़रूरी है,
इश्क़ के बिन जो कटे वो रात, तुझसे हरगिज़ ना बरदाश्त होगी।

तेरी ख़ुशबू अब भी बाकी है, इन साँसों की तन्हाई में,
एक तेरे नाम की ही धड़कन, हर लम्हे की शुरुआत होगी।

तू रहे या न रहे पास मेरे, तेरा असर फिर भी साथ होगा,
कभी अश्क़ बनके बहेगा तू, कभी दुआ बनके बात होगी।

तू लौट आए बेवजह अगर, मेरी फ़िक्र में पागल होकर,
कह न सका जो दिल कभी, वो मेरी सबसे बड़ी फ़रियाद होगी।

16. अलविदा

वो जाते-जाते अलविदा भी न कहते गए,

एक-एक आँसू मेरे खून की तरह बहते गए।

जिनसे कभी नफ़रत थी उनको दुश्मनों की तरह,

ये अब मेरे हमसाए हैं, ये भी मुझको कहते गए।

हम नादान क्या समझ थी हमें,

उनके दिए ज़ख़्मों को प्यार समझकर बस सहते गए।

17. तुलना (Comparison)

काश वो एक बार पूछे, “तू कैसा है?”
मैं कह दूँ हँस के, “सब अच्छा है...”
पर दिल कहे, जो तूने छोड़ा,
वो आज भी सीने में सच्चा है।

कह दूँगा, “तबीयत ठीक है मेरी,
दर्द छुपा लिया है मैंने छवि से तेरी।”
पर जो इश्क था तुझसे कभी,
वो साँसों में वैसा ही है अभी।

तू बता, जिसको मुझे भुला के अपनाया,
क्या उसने भी तुझको वैसे ही चाहा?
क्या उसकी आँखें भी तेरे लिए नम हैं?
उसे भी ये दुनिया लगती है आधी, अधूरी और कम है!

क्या वो भी तेरे गुस्से पे मुस्कुराता है?
तेरे खामोश लम्हों को पढ़ पाता है?
क्या वो भी तेरे हर दर्द को अपनाता है?
तेरे ख्वाबों में खुद को पानी की तरह बहाता है?

काश तू समझ पाती मेरे जज़्बात,
जो अब भी हैं तेरे ही साथ।
मैं ठीक हूँ, बस दिल थोड़ा उदास है...
क्योंकि इश्क अभी भी तुझसे वैसा ही खास है।

18. बेहतर या बेहतरीन

बेहतर की तलाश में तूने बेहतरीन को छोड़ दिया,
चंद लम्हों की खातिर मेरा सारा वजूद तोड़-मरोड़ दिया।
जिसने तुझमें देखी थी खुदा की एक झलक,
उसी की मोहब्बत को तूने ठुकरा दिया एक छलक।

तेरे लिए चाँद तो क्या, मैं आसमान भी झुका देता,
तेरी एक हँसी पर खुद को भुला देता।
मगर तूने तस्वीर से रिश्ता बना लिया,
और मेरे जज़्बातों को फ़िज़ूल बता दिया।

मैंने माँगी थी तुझसे सिर्फ़ एक नज़र,
जिसमें हो अपनापन, जिसमें हो असर।
तूने देखा ही नहीं मेरी आँखों का हाल,
बस देखती रही वो चमकता सा जाल।

वो गैर, जिसे तूने अपना बना लिया,
क्या उसने तुझे मेरी तरह कभी समझा या खुद को पढ़ा लिया?
मैंने तो तेरे हर ख़्वाब को अपना माना,
तूने बस बेगानों से रिश्ता निभाना जाना।

अब जब तन्हाई तुझसे बातें करेगी,
मेरे नाम की दस्तक रातों में जगेगी।
पर मैं लौटूं, ये ख्वाब मत सजाना,
जो एक बार छूट जाए, वो मेरे पास दोबारा ना आना।

याद रख – बेहतर की चाह में जो सच्चा खो जाता है,
वो सारी उमर अकेला ही रो पाता है।

19. तेरे जाने के बाद

तेरे आने से क्या हुआ, तेरे जाने से क्या हुआ,
ना चेहरा बदला, ना क़द मेरा – बस दिल में शोर सा हुआ।

वो इंसान जो हँसता था, अब खामोश रहने लगा,
जिसको तूने छोड़ा यूँ ही, वो खुद से भी डरने की बातें कहने लगा।

काश तू ठहरता पल भर तो, काश तूने जाना न होता,
जिस दिल को तूने ठुकराया, वो तेरा दीवाना ही न होता।

तेरे जाने से सन्नाटे ने दस्तक दी मेरे ज़हन में,
और मेरी यादों का हर कोना, अजनबी सा रहने लगा।

जिस शहर में तू बसता था, वो भी अब वीरान है,
क्योंकि तेरे नाम से ही मेरी वहां हर मकान से पहचान है।

इंतज़ार की इस थमी घड़ी को मोहब्बत नाम दे डाला,
अब तो जीना भी मेरा एक अधूरी सी दास्तान है।

21. अंत या अनंत

अब खुश हूँ, अब हँसता हूँ, अब रोना कभी-कभार ही आता है,
तेरा चेहरा भुलाने चलूं, तो सपना तेरा फिर रातों में सताता है।

ना अब तुझसे मिलने की आरज़ू है,
ना तुझे पास बुलाने की जुस्तजू है।
बस वो दर्द जो तूने दिया
कभी रुला देता है, तो कभी धोखे की याद दिला देता है।

खुश रह तू उसके साथ,
जिसके हाथों में अब तेरा मुलायम हाथ है।
तेरे हिस्से की सारी मोहब्बत अब उसी के साथ है,
मेरे पास तो बस तेरे दिए गए धोखे की सौगात है।

तेरे छोड़ जाने के बाद,
अब हर बात में बस तेरी ही बात है।
तेरा नाम लिए बिना भी,
हर सांस की आज भी तुझसे मुलाक़ात है।

अब तेरे दिए ज़ख़्म हैं मेरे पास,
जो हर रात देते हैं तन्हा दिल को एक नये से **दर्द का** एहसास

अब तुझसे कोई गिला नहीं, अब तुझसे कुछ भी कहना नहीं,
तेरे बिना भी जी रहे हैं, मगर पहले जैसे अब मुझे रहना नहीं।

20. इंतज़ार

करता रहा बस तेरी इक हाँ का इंतज़ार,
क्या करता, कभी रहा ही न इस वक़्त पर ऐतबार।

वक़्त रहते मिल जाता जो तेरे इश्क़ का इकरार,
शायद न लगती ये ज़िन्दगी अब जितनी बेकार।

ख़ुदा करे, ख़त्म हो जाए ये बुरा दौर और ये कारगुज़ार,
इस जनम में तो उतर जाए ये अलग होने का मेरी रूह से भार।

रहम कर मुझ पर अब, नहीं सहा जाता ये दर्द हर बार –
जिस्म नहीं, रूह तक तड़प उठती है तुझसे हर बार जुदा होकर यार।

www.ingramcontent.com/pod-product-compliance
Lightning Source LLC
Chambersburg PA
CBHW070654240926
51846CB00003BA/915
* 9 7 8 9 3 7 0 9 2 7 6 4 3 *